U0887821

物业服务速成笔记

胡新桥 编著

化学工业出版社
·北京·

内 容 简 介

《物业服务速成笔记》以“速成”为导向，为物业从业者提供了一套系统、实用的知识指南。全书从基础认知出发，逐层深入流程规范、文化建设与关系维护各大模块，涵盖物业管理的核心概念、岗位角色定位、承接查验、设施维护、安全管理等实操流程，以及社区活动策划、业主回访、投诉处理等关键场景，构建起“理论 + 实践”的完整知识框架。

本书特色在于“去繁就简、直击要点”，以清晰的逻辑、精练的语言和典型案例解析，帮助读者快速掌握行业核心技能，避免“新手迷茫期”；同时注重实用性，提供可直接复用的工具模板与应对策略，助力读者高效解决实际问题。

无论是希望缩短成长周期的物业职场新人，还是寻求服务升级的管理者，都能从本书中获得高效解决问题的思路与方法，最终实现物业服务质量提升与社区和谐发展的双赢目标。

图书在版编目（CIP）数据

物业服务速成笔记 / 胡新桥编著 . -- 北京：化学工业出版社，2025. 11. -- ISBN 978-7-122-48906-7

Ⅰ. F293.347

中国国家版本馆 CIP 数据核字第 2025KH4495 号

责任编辑：陈　蕾　　　　装帧设计：程　超

责任校对：李雨函

出版发行：化学工业出版社（北京市东城区青年湖南街 13 号　邮政编码 100011）

印　　装：三河市双峰印刷装订有限公司

710mm×1000mm　1/16　印张 $4\frac{1}{4}$　字数 65 千字　2026 年 1 月北京第 1 版第 1 次印刷

购书咨询：010-64518888　　　　售后服务：010-64518899

网　　址：http://www.cip.com.cn

凡购买本书，如有缺损质量问题，本社销售中心负责调换。

定　　价：25.00 元

版权所有 违者必究

前　言

物业服务是社区运转的隐形齿轮，既关系到千家万户的日常生活品质，也影响着社区的和谐与稳定。无论是刚踏入物业行业的新人，还是希望提升专业能力的从业者，都需要一套系统、实用的知识体系，帮助他们快速掌握物业服务的核心要点。

本书以“速成”为核心目标，从基础到实操，从文化建设到关系维护，构建了一套清晰易懂的知识体系：第一章聚焦“基础认知”，解析物业与物业管理的核心概念，明确服务主体与岗位职责；第二章立足“流程规范”，详解物业运营中的各项工作流程，涵盖承接查验、设施维护、安全管理等关键环节；第三章关注“文化建设”，探讨社区活动的策划与实施，以及如何营造有温度的社区氛围；第四章深耕“关系维护”，介绍业主回访与投诉应对的技巧，为构建良好的服务关系提供方法指引。

本书内容精练、重点突出，既确保了专业知识的系统性，又注重实操性。希望本书能成为物业从业者的“手边书”，助力大家在实际工作中高效解决问题，提升服务质量，让每一份付出都能转化为业主的满意与社区的安宁。

编著者

作者简介

胡新桥，电子科技大学管理学研究生毕业，湖北工程学院文学与新闻传播学院副教授。湖北鲲之大公考创始人、谷歌公司中国区授权讲师，曾任北京中企动力科技集团总部行政总监、长沙分公司商务总监等职务。主要研究方向是品牌传播、危机管理、领导力、申论写作及面试（结构化、无领导小组、遴选）。公开出版著作多部，多次担任湖北省各类人才选拔面试考官。被媒体誉为：中国式管理培训专家、红色面试导师。

目 录

第一章

基础认知：物业服务入门指南

本章聚焦物业服务的基础概念，搭建入门级的知识框架，涵盖行业本质、基本职责、服务范畴等基础内容，帮助读者快速建立对物业服务的整体认知。

第一节　物业与物业管理的解析

“物业”是物业管理的物质基础，而“物业管理”则是通过专业化服务实现物业价值的过程。

一、物业的概念

（一）法律层面的定义

根据《物业管理条例》，物业是指经批准兴建并竣工验收的各类建（构）筑物及其附属的设施、设备和相关场地。物业的核心特征如下图所示。

物业的核心特征

（二）物业的分类

1. 按用途分类

物业按用途分类

类型	示例	管理特点
居住物业	住宅小区、公寓、别墅	侧重生活服务与安全保障
商业物业	写字楼、商场、酒店	强调经营效益与品牌形象维护

续表

类型	示例	管理特点
工业物业	工厂、仓库、物流园区	注重设备维护与生产秩序协调
公共物业	学校、医院、政府办公楼	需要与服务标准相符

2. 按产权性质分类

（1）专有物业：业主个人拥有产权的住宅、商铺等（如商品房套内空间）。

（2）共有物业：全体业主共同所有的公共部位（如楼道、屋顶）和共用设施（如电梯、消防设施），其管理和收益由业主共同决定。

二、物业管理的概念

（一）定义与核心要素

物业管理是指物业服务企业或其他管理人受业主委托，依照物业服务合同的约定，对物业的共用部位、共用设施设备和相关场地进行的维护、修缮、管理，以及对物业管理区域内环境卫生和相关秩序维护等活动。物业管理的核心要素如下图所示。

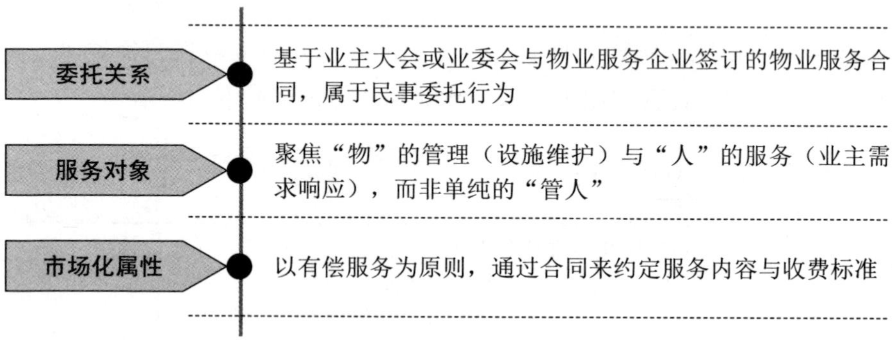

物业管理的核心要素

（二）管理内容与责任边界

1. 管理内容

物业管理的内容如下图所示。

2. 责任边界

（1）不涉及业主专有部分的管理（如室内装修、家电维修），除非签订专项服务协议。

（2）无行政执法权，对违规行为（如占用消防通道）仅能劝阻或报告相关部门，不能强制处理。

物的管理

共用设施设备（如给排水、供电系统）的维护与保养，公共区域（道路、绿化）的环境管理

人的服务

安全与秩序维护（门禁、巡逻）、业主需求响应（报修、投诉处理）、社区公共事务协调（如装修管理、垃圾分类）

物业管理的内容

三、物业与物业管理的关系

维度	物业	物业管理
本质属性	不动产实体（物）	服务行为（对物的管理与人的服务）
主体关系	业主为产权所有人	物业服务企业为服务提供者，受业主委托
核心目的	实现资产保值增值	通过服务确保物业正常使用，提升业主生活质量
范畴关联	物业管理的对象和载体	基于物业而存在的服务活动

四、法律法规与行业标准

（一）法律法规

物业管理涉及的法律法规包括《中华人民共和国民法典》（简称《民法典》）（物权编、合同编）、《物业管理条例》《业主大会和业主委员会指导规则》等。

（二）行业标准

行业标准包括《物业服务企业资质管理办法》《社区服务指南 第9部分：物业管理》（GB/T 20647.9—2006）等，对服务流程、质量等级进行了规范。

我对物业管理行业法规与行业标准的了解程度：

第二节　物业服务企业的角色与职责

物业服务企业作为物业管理的实施主体，在社区治理、业主关系维护及公共事务管理中承担不同的角色，其职责与定位既受法律约束，也需符合业主要求与行业发展趋势。

一、核心角色

（一）服务提供者

（1）为业主提供标准化、专业化的物业服务，涵盖基础维护、安全保障、环境管理等内容。

（2）与传统的“管理者”身份不同，物业管理更强调“服务导向”。

（二）社区治理参与者

与居委会、业委会、政府职能部门形成协同网络，共同处理社区公共事务（如垃圾分类、文明创建），例如，配合街道办开展人口普查、协助政府进行政策宣传。

（三）资产管理者

对小区公共设施（如电梯、绿化带、停车场）进行维护与管理，积极拓展物业资产增值业务。例如，通过租赁停车位、引入广告位等方式提高公共资产收益。

（四）秩序维护者

依据物业服务合同、物业管理规约等文件，维护小区的秩序，及时制止业主的违规行为（如私搭乱建、占用消防通道等）。

我对物业服务企业角色定位的认识：

二、主要职责

（一）基础服务

房屋及设施维护	对共用部位（屋顶、外墙）、共用设施设备（给排水系统、电梯）进行定期巡检、维修保养，确保其正常运行。例如，制订电梯年度维保计划，委托专业机构进行安全检测
环境卫生管理	负责公共区域清洁（楼道、道路、垃圾桶清运）、绿化养护（草坪修剪、苗木补种）等工作，营造整洁的环境
安全秩序维护	安保人员24小时值班巡逻，检查门禁系统、监控设备，防止盗窃、火灾等事件发生；同时疏导车辆停放，维护社区交通秩序

（二）业主服务

需求响应与投诉处理	通过客服热线、APP等渠道受理业主报修、咨询及投诉，建立闭环处理机制（如48小时内回访）
费用管理	按合同标准收取物业费、公摊水电费等，并公示收支明细，保障财务透明
与业主沟通	定期召开业主座谈会、发布服务月报，收集业主意见，优化服务方案

（三）合规管理

制度建设	制定社区文明公约、装修管理规定等制度，经业主大会审议后下发执行
合规运营	依据《物业管理条例》《民法典》等法规，处理物业纠纷（如业主拒缴物业费、违规装修等）
应急管理	制定台风、疫情、停水、停电等突发事件应急预案，并定期组织演练，提高应急处置能力

（四）增值服务拓展与社区文化建设

增值服务拓展	提供家政保洁、快递代收、车位租赁等有偿服务，满足业主多元化的需求
社区文化建设	组织开展各类活动（如春节联欢会、包粽子、便民服务日、义诊等），增强社区的凝聚力

我对物业服务企业主要职责的理解：

三、与其他主体的关系

其他主体	协作内容
业主大会 / 业委会	与其签订物业服务合同，并接受他们的监督；共同决策重大事项（如维修资金使用、物业费调整等）
政府部门（住建、城管、消防等）	配合行业监管（资质备案、服务考核），落实各项政策要求（如垃圾分类、消防整改等）
专业服务供应商	外包保洁、绿化、电梯维保等服务时，负责筛选、监督与考核供应商
社区居委会	协同处理邻里纠纷、社区党建、疫情防控等公共事务，形成“物业 + 社区”的联动机制

第二章

流程规范：物业服务日常工作

围绕物业服务企业的日常运营，详细阐述各项工作的流程与规范，包括日常巡检、设施维护、清洁绿化、安保管理等具体事务，确保服务有序高效开展。

第一节　项目承接查验

项目承接查验是物业服务的“起点”。通过系统化的流程与精细化的管控，可有效降低后期物业管理的风险，提升业主满意度。

一、项目承接查验的定义与目的

（一）定义

项目承接查验是指物业服务企业在承接新物业项目时，对物业共用部位、共用设施设备以及相关资料进行核对、检查和验收的过程。

（二）目的

确保物业符合交付或使用标准，明确建设单位与物业服务企业的责任边界，为后期物业管理奠定基础。

二、项目承接查验的流程

（一）准备阶段（项目交付前 30 ～ 45 天）

1. 组建查验团队（1 ～ 2 天）

（1）成员包括物业项目负责人、工程技术人员（水电、土建、机电等）、法务人员、客服人员等。

（2）明确各成员的职责（如资料审核、现场查验、记录汇总等）。

成员	职责	人员名字
物业项目负责人		
工程技术人员（水电）		
工程技术人员（土建）		
工程技术人员（机电）		
法务人员		
客服人员		
……		

2. 制定查验方案（3 ～ 5 天）

（1）确定查验时间、范围（如住宅、商业、公共区域）、标准（参考《物业承接查验办法》）。

（2）准备查验工具（卷尺、万用表、摄像机、检测锤等）及记录表格（查验问题清单、整改通知书）。

时间安排	查验范围	查验标准	查验工具
第 1 天（　　年　月　日）			
第 2 天（　　年　月　日）			
第 3 天（　　年　月　日）			
第 4 天（　　年　月　日）			
第 5 天（　　年　月　日）			

3. 收集相关资料（持续至查验结束）

向建设单位索要竣工图纸、设备清单、隐蔽工程验收记录、消防验收报告等资料，尽量在现场查验前收集齐全。

（二）实施阶段（项目交付前 20 ～ 30 天）

1. 资料查验（3 ～ 5 天）

核对资料的完整性（如产权资料、工程技术资料），确保与实物一致。重要资料需在 2 天内完成复核。

资料名称	收集情况	与实物是否一致	签收人
竣工图纸			
设备清单			

续表

资料名称	收集情况	与实物是否一致	签收人
隐蔽工程验收记录			
消防验收报告			
……			

2. 现场查验（7 ～ 10 天）

查验点	查验情况	查验日期	查验人
1. 共用部位：墙体、地面、楼梯间、屋面、电梯厅等是否存在裂缝、渗漏、破损		年　月　日	
2. 共用设施设备： （1）给排水系统：管道通水情况、水泵运行状态、井盖密封性		年　月　日	
（2）电气系统：配电箱标识、线路绝缘测试、照明系统运行		年　月　日	
（3）消防系统：消火栓、烟感报警器、消防通道是否符合规范		年　月　日	
（4）智能化系统：监控、门禁、楼宇对讲等设备的测试		年　月　日	
（5）其他：电梯运行平稳性、绿化景观完整性、停车场设施（标识、车位划线）规范性		年　月　日	

3. 问题记录（与现场查验同步进行）

对查验中发现的问题进行拍照、录像，并详细记录位置、类型（如结构性、功能性）及影响程度等信息。

问题照片	位置、类型（如结构性、功能性）及影响程度

（三）整改阶段（项目交付前 10 ～ 20 天）

工作事项	处理日期及完成情况
1. 提交问题整改清单（现场查验结束后 2 天内） 向建设单位发送承接查验问题整改通知书，明确整改时限与标准	年　月　日

续表

工作事项	处理日期及完成情况
2. 跟踪整改情况（持续至复验前） 定期（每 3 天）与建设单位对接，督促其解决问题；对于复杂问题（如结构渗漏），要求其在 5 天内提供整改方案	年　月　日

（四）验收阶段（项目交付前 5 ~ 10 天）

工作事项	处理日期及完成情况
1. 复验整改问题（3 ～ 5 天） 对已整改项进行二次查验，合格后签字确认	年　月　日
2. 签署承接查验协议（复验通过后 1 ～ 2 天） 明确未整改问题的处理方式（如建设单位委托物业服务企业整改并承担费用）	年　月　日
3. 资料移交与存档（协议签署后 2 天内） 整理查验资料（含问题记录、整改回复、协议文件），建立项目档案	年　月　日

三、项目承接查验的关键点

（一）资料查验

资料类型	查验重点	查验情况
产权资料	土地使用证、建设工程规划许可证等文件	
工程技术资料	竣工图（水、电、消防）、设备出厂合格证、调试报告等	
隐蔽工程资料	管线走向、预埋件位置等记录，以便于后期维修	

（二）现场查验

1. 常见问题

（1）屋面 / 外墙渗漏：雨季前重点查验的内容，还要查看防水卷材的铺设是否规范。

（2）管道堵塞：进行通水试验时，观察排水速度，检查是否有建筑垃圾残留。

（3）设备缺件或损坏：如电梯应急电话失灵、消火栓配件缺失等。

2. 应对措施

（1）对于重大问题（如消防系统不合格），暂缓承接并上报主管部门。

（2）对于一般问题，要求建设单位出具书面整改承诺，整改期限不超过 7 天。

（三）风险规避

1. 依法依规

依据《物业管理条例》《物业承接查验办法》等法律法规，明确双方的权利与义务。

2. 证据留存

查验过程全程留痕（影像、签字记录），以免后期发生责任纠纷。

3. 责任划分

在协议中约定：

（1）建设单位负责对查验前物业的质量问题进行整改。

（2）物业承接后因管理不善导致的问题由物业服务企业承担。

本物业项目现场查验的重点问题	应对措施

四、项目承接查验与后期管理的衔接

（一）建立设备台账

查验完成后 3 天内，根据查验结果，对设施设备进行编号、录入管理系统，制订保养计划。

设备名称	编号	位置	保养计划（日期和重点）

（二）预防业主投诉

在项目交付前完成公共区域问题的整改，如地砖松动，以减少项目交付后业主的投诉。

公共区域问题	整改日期	整改后的验证

（三）优化日常巡检

查验结束后 5 天内，向物业团队交底查验中发现的隐患点（如某区域管线易堵塞），优化日常巡检工作。

隐患点（日常巡检重点）	巡检计划

第二节　业主入住与装修管理

业主入住与装修管理是物业管理中的重要环节，涉及业务流程、权益保障及安全管控等多方面内容。

一、业主入住管理流程

（一）入住前准备阶段

准备工作	说明	执行情况
文件资料准备	业主入住前 30 天，准备入住通知书、房屋验收单、业主手册、物业服务合同等文件，明确入住时间、所需材料及费用明细	业主入住日期为　　年　月　日 资料于　　年　月　日准备好
房屋查验	业主入住前 20 天，完成房屋质量自查，整改漏水、墙面开裂、门窗损坏等问题，确保供水、供电、电梯等设施设备正常运行	房屋于　　年　月　日查验好
环境布置	业主入住前 10 天，打扫小区公共区域卫生，设置入住引导标识，划分手续办理区域（如资料审核区、费用缴纳区、钥匙领取区等）	环境于　　年　月　日布置好

（二）入住手续办理流程

入住手续办理流程如下所示。

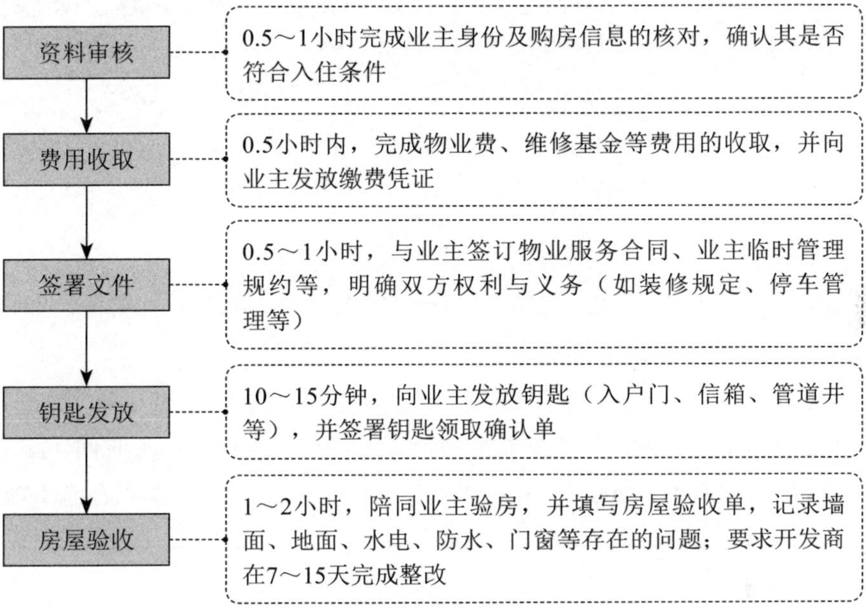

入住手续办理流程

具体工作	责任人	完成情况
1. 资料审核		
2. 费用收取		
3. 签署文件		
4. 钥匙发放		
5. 房屋验收		

二、装修管理流程

（一）装修申请与审批

1. 业主提交申请

业主需在装修前 15 天，填写装修申请表，附装修图纸（包括平面布局图、水电改造图、拆改示意图等），注明装修范围、工期、施工人员信息。

2. 装修申请审核

收到业主申请后，3 ～ 5 个工作日完成审核。

审核	审核情况记录
1. 结构安全：禁止拆除承重墙、破坏建筑外立面、更改燃气管道等违规行为	
2. 规范要求：水电改造是否符合安全标准，卫生间防水是否规范，材料运输路线及垃圾堆放点是否合规等	

3. 费用收取

向业主收取装修保证金（通常 2000 ～ 5000 元）、垃圾清运费等，保证金装修完工后如无违规行为予以退还。

4. 装修许可

审核通过后 1 ～ 2 天，向业主发放装修施工许可证，告知施工时间（如工作日 8:00 ～ 12:00、14:00 ～ 18:00，禁止在周末及节假日进行噪声施工）及注意事项。

装修施工许可证

许可证编号：

装修地址：

装修施工单位：

装修负责人姓名：　　　　　　　　联系电话：

有效期：自 [开始日期] 至 [结束日期] 止

业主姓名：　　　　　　　　批准日期：

装修内容：

[具体装修项目 1]

[具体装修项目 2]

[具体装修项目 3]

……

注意事项：

……

客户服务中心（签章）：[盖章]　　　　签发日期：[日期]

装修施工许可证（签发存根）

许可证编号：

装修地址：

装修施工单位：

（二）装修施工管理

1. 进场管理

施工人员需在装修开工前 1 天，凭身份证、照片办理临时出入证，材料运输需遵守小区规定（如禁止使用客梯搬运超重材料）。

2. 现场监管

物业人员每日对装修情况进行巡查。

巡查重点	巡查情况记录
1. 是否按审批图纸施工，有无擅自拆改墙体、增加荷载（如搭建阳光房）等情况	
2. 水电改造是否规范（如电线穿管、水管打压测试），卫生间防水的闭水试验是否在 48 小时以上	
3. 噪声、粉尘控制措施是否到位，避免影响邻居	
4. 施工现场是否禁止吸烟、配备灭火器，易燃材料是否单独存放	

3. 违规处理

发现违规行为后 24 小时内下发整改通知书，要求施工人员停工整改；拒不整改的，可向住建部门或城管部门举报，并扣除业主保证金。

装修过程是否有违规行为，若有，下发整改通知书（编号：）

（三）装修验收与收尾

流程	要求	执行情况
1. 业主自检	装修完工后 3 ～ 5 天，业主对照图纸检查施工质量，重点验收水电隐蔽工程、墙面地面平整度、防水效果等内容	年　月　日业主完成自检
2. 物业人员验收	业主自检完成后 3 ～ 5 个工作日，物业人员确认无结构破坏、管道堵塞等情况且垃圾清理已完毕后，签署装修验收单	年　月　日物业人员确认
3. 保证金退还	验收合格后 30 日内，退还装修保证金（如有扣款需说明理由）	年　月　日退还保证金

第三节　设施设备维修保养

设施设备的维护与保养是保障小区、写字楼等场所正常运行的关键，物业服务企业应制订合理的维护计划，提升设备的使用寿命与安全性。

一、预防性维护要点

（一）制订年度保养计划（时间节点：每年 12 月）

1. 设备梳理

物业服务企业的工程部负责对电梯、消防系统、配电设备、给排水管道、中央空调等设施设备进行全面盘点，并建立设备台账。

××设备							
序号	设备编号	所在位置	品牌	型号	生产厂家	维保单位	备注

2. 计划编制

工程部根据设备使用说明书、行业标准及工作经验，制订下一年度设备设施保养计划，明确每项设备的保养内容、责任人及时间安排。

电梯保养计划		
保养时间	保养内容	责任人
每月 5 日、20 日	检查电梯门的开关是否顺畅；润滑导轨、导靴，安全触板、光幕灵敏度，紧急报警装置是否正常	×××
每季度首月 10 日	全面检查电梯曳引系统，包括曳引轮、钢丝绳磨损情况；检查制动器间隙及制动性能；清理控制柜灰尘；紧固电气连接线	×××
每年 6 月 15 日、12 月 15 日	进行电梯限速器 - 安全钳联动试验；校验电梯平层精度；全面检测电梯运行噪声及振动情况	×××（联合专业维保单位）

中央空调主机保养计划		
保养时间	保养内容	责任人
每季度首月 15 日	清洗中央空调主机冷凝器、蒸发器；检查压缩机润滑油油位及品质；检测电气控制系统参数	×××
每年 4 月、10 月	对中央空调主机进行性能测试，包括制冷 / 制热能力、能效比；清理主机内部灰尘，检查各部件连接情况	×××（联合专业维保单位）
每年 12 月	更换中央空调主机冷冻油、干燥过滤器；对主机进行全面保养	×××（联合专业维保单位）

消防水泵保养计划		
保养时间	保养内容	责任人
每月 8 日	检查消防水泵外观，确保无锈蚀、无漏水；测试消防水泵电机绝缘电阻；手动启停消防水泵，检查其运行状况	×××
每季度首月 20 日	对消防水泵进行全面检查，包括叶轮磨损情况、轴承润滑情况；检查消防水泵控制柜功能，测试备用电源切换情况	×××
每年 6 月	进行消防水泵流量、扬程测试；清理消防水泵吸水口、出水口过滤器	×××（联合消防维保单位）

监控摄像头保养计划		
保养时间	保养内容	责任人
每半年首月25日	清洁监控摄像头镜头、外壳；检查摄像头安装支架的稳固性；测试摄像头视频信号的传输质量	×××
每年12月	对监控摄像头进行全面检测，包括夜视功能、焦距调节；检查摄像头供电线路及防雷设施	×××（联合安防维保单位）

（二）日常巡检与维护（持续进行）

1. 日常巡检

物业人员应每日对公共区域照明、门禁系统等设备进行检查，并填写设备巡检记录表。

设备巡检记录表								
巡检日期及时间	设备名称	所在位置	巡检人	巡检结果	异常情况描述	处置措施	完成情况	责任人

2. 简单维护

巡检中发现的轻微问题，如螺丝松动、设备表面有灰尘等，需在2小时内完成处理；无法现场解决的问题，应上报工程部。

（三）定期深度保养（按计划执行）

1. 准备工作

在保养前3天内，准备好所需的工具、配件及安全防护用品，告知相关部门或业主可能产生的影响（如短暂停水、停电）。

2. 实施保养

由专业技术人员按规范进行操作，例如，中央空调每季度清洗1次过滤网、每年进行1次制冷剂压力检测；配电设备每半年进行1次线路绝缘测试。保养完成后要编写设备保养报告。

二、故障维修要点

（一）报修受理（实时响应）

1. 受理报修

通过电话、线上平台或现场登记等方式接收业主或工作人员的故障报修，并详细记录故障现象、发生时间及位置等信息。

2. 初步评估

接到报修后 15 分钟内，维修负责人应判断故障的紧急程度，可分为紧急（如电梯困人、水管爆裂）、重大（如停电、消防系统故障）、一般（如照明损坏、门锁故障）三类。

（二）实施维修

1. 紧急故障

维修人员需在 10 分钟内抵达现场。例如，电梯困人时，需在 30 分钟内解救被困人员，并联系电梯维保单位进一步检修。

2. 重大故障

30 分钟内组织人员维修，必要时联系外部专业单位（如电力公司、消防维保单位），力争在 4 ～ 6 小时内恢复设备运行。

3. 一般故障

普通照明、门锁等故障，尽量在 4 小时内修复；复杂问题需向业主说明情况，并明确预计完成时间（一般不超过 3 个工作日）。

故障描述	紧急程度	维修时间	维修情况	责任人

（三）维修验收与总结（维修完成后 24 小时内）

（1）业主验收：业主室内设备的维修，由业主签字确认；公共区域设备的维修，由物业相关负责人验收，填写维修验收单。

（2）复盘总结：维修完成后 24 小时内，维修人员应分析故障原因，补充易损配件库存；对于频繁出现故障的设备，调整保养计划。

故障描述	维修情况	验收情况	复盘总结

第四节　环境卫生与绿化管理

良好的环境卫生与绿化管理，能够提升居住、办公环境的舒适度和美观度。

一、环境卫生管理要点

（一）日常清洁

1. 制订清洁计划（时间节点：每月末）

根据区域类型（如公共道路、楼道、电梯间、垃圾房等）制订次月清洁计划，明确清洁范围、标准及频次。

区域类型	清洁部位	清洁标准	清洁频次
公共道路	路面、人行道、路牙	无垃圾、落叶、积水，无明显污渍，无泥沙堆积	每日清晨清扫1次，日间巡回保洁，每周冲洗1次（使用高压水枪）
楼道	地面、台阶、扶手、墙面	地面无灰尘、垃圾；台阶无污渍；扶手干净、无手印；墙面无乱贴乱画、无蜘蛛网	地面每日清扫1次、拖洗2次；扶手每日擦拭1次；墙面每月除尘1次
电梯间	轿厢内壁、地板、按键面板	内壁无手印、污渍；地板无脚印、垃圾；按键面板干净、无污渍	每日清洁3次，使用消毒湿巾擦拭；每周深度清洁1次（含顶棚、门缝）
垃圾房	地面、墙面、垃圾桶	地面无污水、无垃圾残留；墙面无污渍；垃圾桶内外清洁，无异味	每日冲洗、消毒2次，夏季增加至4次；每周全面清洁1次（含顶棚、排水口）
公共设施	健身器材、休闲桌椅、宣传栏	表面无灰尘、污渍，无口香糖等黏附物	每日擦拭1次，每周消毒1次（使用含氯消毒剂）

2. 执行清洁计划（持续进行）

工作类别	工作时间	工作重点	工作完成情况
清晨作业	6:00 ～ 8:00	清扫公共道路的落叶、垃圾，清运生活垃圾，早高峰前确保环境整洁	
日间巡回保洁	8:00 ～ 18:00	安排保洁人员对公共区域进行巡回清洁，及时清理垃圾桶周边散落的垃圾，擦拭公共设施污渍。保洁主管每 2 个小时巡查 1 次	
夜间深度清洁	18:00 ～ 21:00	对电梯槽、楼梯扶手、墙角等卫生死角进行深度清洁，每周至少开展 3 次	
清洁质量检查	每日 17:00 ～ 18:00	保洁主管每日对清洁区域进行抽查，并填写环境卫生检查表。发现问题（如地面污渍未清理、垃圾桶未及时更换垃圾袋）后，要求保洁人员 2 小时内整改完毕	

（二）垃圾清运

1. 日常清运（持续进行）

（1）生活垃圾实行“日产日清”，每日 7:00 ～ 9:00 和 17:00 ～ 19:00 各清运 1 次，确保垃圾桶不满溢。

（2）对于装修垃圾、大件垃圾，设置专门的堆放点，联系专业单位进行清运。

2. 垃圾房管理

每日对垃圾房进行冲洗、消毒、喷洒除臭剂，夏季每 2 小时 1 次，其他季节每 4 小时 1 次；每月末对垃圾房进行全面消杀，防止蚊虫滋生。

（三）定期专项清洁

类别	时间	要求	具体计划
外墙清洗	每年春季、秋季各 1 次	提前 7 天发布清洗通知，做好安全防护工作。由专业清洁团队使用吊绳或擦窗机作业，单次作业时间控制在 5 ～ 7 天	

续表

类别	时间	要求	具体计划
下水道疏通	每季度第1个月	对小区、写字楼的雨污水管道进行全面检查和疏通，重点区域（如餐饮店铺周边）每月检查1次。如有堵塞，2小时内安排疏通	

二、绿化管理要点

（一）绿化养护计划制订（时间节点：每年12月）

根据植物生长特性及当地气候，制订下一年度绿化养护计划，明确修剪、施肥、浇水、病虫害防治等工作安排。

1. 修剪工作安排

月份	植物类型	修剪内容与要求	实施时间	责任人
1月	乔木、灌木	对落叶乔木、灌木进行重剪，去除枯枝、病枝、交叉枝；修剪后及时清理残枝，并涂抹伤口愈合剂		
2月	乔木、灌木	检查修剪效果，对遗漏或修剪不当的枝条进行补剪，对常绿树进行轻度整形修剪		
3月	灌木、花卉	对花灌木进行开花前修剪，去除过密枝、徒长枝，促进花芽分化；去除花卉弱枝，调整株型		
4～10月	灌木、草坪	每月对灌木造型修剪1～2次，使形状保持整齐；草坪每10～15天修剪1次，留茬3～5厘米		
11月	乔木、灌木	对生长过旺的枝条进行回缩修剪，减少冬季养分消耗；清理修剪产生的残枝落叶		
12月	乔木、灌木	全面检查植物修剪情况，为第二年生长做好准备，对修剪工具进行清洁、保养		

2. 施肥工作安排

施肥时间	植物类型	肥料类型	施肥方法与用量	实施时间	责任人
3月上旬	乔木、灌木、草坪、花卉	复合肥（氮磷钾比例15：15：15）	乔木每株施1～2千克，环状沟施；灌木每平方米施0.5千克，撒施后覆土；草坪每平方米施20～30克，均匀撒施		

续表

施肥时间	植物类型	肥料类型	施肥方法与用量	实施时间	责任人
4 月中旬	花卉	磷钾肥（磷酸二氢钾）	稀释成 0.2% ～ 0.3% 的溶液，采用叶面喷施，每隔 7 ～ 10 天喷施 1 次，连续 2 ～ 3 次		
6 月下旬	乔木、灌木、草坪	有机肥（腐熟农家肥）	乔木每株施 5 ～ 10 千克，穴施；灌木每平方米施 2 ～ 3 千克，埋施；草坪要结合浇水少量多次施肥		
9 月上旬	乔木、灌木、花卉	复合肥 + 微量元素肥	补充植物生长所需养分，促进根系生长；施肥量与春季相当，采用沟施或撒施方式		
12 月下旬	乔木、灌木	基肥（腐熟有机肥）	结合冬季深翻，乔木每株施 10 ～ 15 千克，灌木每平方米施 5 千克，为第二年生长提前储备养分		

3. 浇水工作安排

月份	浇水频次与要求	实施时间	责任人
1 ～ 2 月	减少浇水量，乔木、灌木每 15 ～ 20 天浇 1 次透水；花卉根据盆土干湿情况，每周浇 1 ～ 2 次		
3 ～ 5 月	增加浇水量，乔木、灌木每周浇 1 ～ 2 次；草坪每天早晚各浇 1 次，保持土壤湿润		
6 ～ 8 月	雨天减少浇水，注意排水防涝；高温干旱时，乔木、灌木早晚各浇 1 次，花卉每天浇 1 ～ 2 次，采用滴灌或喷灌方式，避免灼伤		
9 ～ 11 月	逐渐减少浇水量，乔木、灌木 7 ～ 10 天浇 1 次；草坪 3 ～ 5 天浇 1 次，浇足越冬水		
12 月	浇封冻水，乔木、灌木要浇透，提高植物抗寒能力，之后根据天气情况适当补水		

4. 病虫害防治工作安排

月份	主要病虫害	防治措施	实施时间	责任人
1 ～ 2 月	越冬虫卵、病菌	清理园区枯枝落叶，集中焚烧；对乔木、灌木树干涂白（生石灰：硫磺：水 =10 ：1 ：40），杀灭虫卵		

续表

月份	主要病虫害	防治措施	实施时间	责任人
3～4月	蚜虫、红蜘蛛、白粉病	喷施吡虫啉防治蚜虫，喷施阿维菌素防治红蜘蛛；白粉病使用粉锈宁喷雾，每隔7～10天喷1次，连续2～3次		
5～6月	介壳虫、天牛、叶斑病	介壳虫用毒死蜱喷雾；天牛需人工钩杀幼虫，注射敌敌畏封堵虫孔；叶斑病使用多菌灵防治		
7～8月	蛾类幼虫、锈病、炭疽病	蛾类幼虫用氯氰菊酯喷雾；锈病、炭疽病用甲基托布津防治，同时加强通风透光，降低湿度		
9～10月	蚜虫、白粉虱、煤污病	悬挂黄色粘虫板诱杀白粉虱；蚜虫用啶虫脒喷雾；煤污病应先清除害虫，再喷施代森锰锌		
11～12月	越冬病虫害防治	修剪病虫枝，清理病残体；对易受冻害植物进行包裹防护，减少病虫害越冬基数		

5. 其他养护工作

类别	时间节点及要求		实施时间	责任人
中耕除草	每月进行1～2次	疏松土壤，防止杂草与植物争夺养分，深度控制在5～10厘米		
绿地补植	春季（3～4月）和秋季（9～10月）为补植最佳时期	发现缺株、死株及时补植，补植后加强浇水养护		
设施维护	每季度检查1次绿化灌溉设施（如喷头、水管），发现损坏及时维修或更换；每年对支撑树木的支架进行1次加固或调整			

（二）日常养护作业

1. 浇水灌溉（持续进行）

夏季高温期（6～8月），每日5:00～7:00和18:00～20:00各浇水1次；其他季节每周浇水2～3次，具体情况根据土壤湿度而定。

2. 施肥管理

春季（3～4月）和秋季（9～10月）为植物生长旺季，每月施肥1次；冬季为休眠期，减少施肥频次，每季度施肥 1 次。

3. 病虫害防治

每月 5 ～ 10 日对绿植进行全面检查，发现病虫害立即采取措施。轻度虫害使用生物药剂喷洒，3 天内完成；严重虫害需更换病株，7 天内完成。

日常养护情况记录：

（三）绿化修剪与补种

1. 修剪整形（按计划执行）

按照养护计划对草坪、灌木、乔木进行修剪，修剪后及时清理残枝落叶。

2. 缺株补种（时间节点：春季、秋季）

每月巡查 1 次绿化区域，统计缺株情况，在春季（3 ～ 4 月）和秋季（9 ～ 10 月）集中补种。

绿化修剪与补种情况记录：

第五节　小区秩序维护与安全管理

秩序维护与安全管理是保障小区居民生命财产安全、营造和谐居住环境的关键。

一、日常秩序维护

（一）人员与车辆出入管理

1. 人员出入管理

（1）门禁管理：全天启用门禁系统，业主凭门禁卡或人脸识别进出；访客需登记身份信息、联系方式及拜访对象，安保人员联系业主确认后放行。

（2）巡逻检查：安保人员每 2 小时对小区公共区域进行 1 次巡逻，重点检查围墙、出入口、地下车库等地方。如果发现有可疑人员逗留，应立即上前询问情况，并在 30 分钟内上报秩序维护主管。

2. 车辆出入管理

（1）车辆登记：业主车辆信息统一录入车牌识别系统。外来车辆进入时，安保人员需在 5 分钟内完成车牌、车主信息登记，发放临时通行证，并告知停放区域与收费标准。

（2）停车管理：引导车辆按规定车位停放，禁止占用消防通道、人行道等区域，每小时对停车场进行 1 次巡查，对违规停放车辆张贴违停告知单，并联系车主在 30 分钟内移车。

违停告知单

编号：

尊敬的车主：

您的车辆[车牌号为________，于________（违停日期）________（违停时间）]，在本小区________（具体位置）违规停放。

违停造成的影响（可勾选）：

（　）侵占绿地

（√）占用消防通道

（　）阻碍车辆进出

（　）扰乱交通秩序

请于________（规定时间）内将车移至合法区域，逾期我们将按规定采取锁车、拖移（费用自负）或公示等措施。

若有异议，可在________个工作日内携证明材料至物业服务中心申诉，我们将在____个工作日内反馈结果。

物业服务中心电话：______________________

物业服务中心印章：

年　月　日

（二）公共区域秩序维护

1. 日常巡查

（1）巡查安排：安保人员每日按固定路线对小区公共区域进行巡查，白天每3小时1次，夜间每2小时1次。

（2）问题处理：巡查中发现乱堆乱放、违规晾晒、宠物粪便未清理等问题，需在1小时内联系业主整改；无法联系的，由物业统一清理，2小时内完成。

2. 装修管理

装修巡查：对正在装修的住户，每日至少巡查1次，主要检查施工时间（工作日8:00～12:00、14:00～18:00，非工作日禁止噪声施工）、装修材料堆放、装修垃圾清运等是否符合规定。如果发现违规行为，立即下发整改通知书，要求业主/装修人员进行整改。

装修户	检查时间	违规行为	整改措施及期限

二、安全管理

（一）安全设施管理

1. 消防设施检查

（1）日常检查：每日由专人对消火栓、灭火器、消防报警系统等设施进行检查，确认消火栓水压是否正常、灭火器压力是否达标、报警系统是否灵敏，并进行详细记录。

（2）定期维护：每季度邀请专业消防维保单位对消防设施进行全面检测与维护，确保设备完好率达到100%。

2. 监控系统管理

（1）设备巡检：每周对监控摄像头、硬盘录像机等设备进行检查，确保监控画面清晰、存储正常。如果发现故障，应立即报修，安排维修人员进行处理。

（2）录像保存：监控录像保存时间不少于30天，每月备份1次重要的录像资料。

（二）安全隐患排查

1. 隐患排查

（1）定期排查：每月组织 1 次安全大检查，对小区围墙、电梯、配电房、燃气管道等重点部位进行全面排查。排查工作需在当月最后 5 个工作日内完成。

（2）专项排查：在暴雨、台风等恶劣天气来临前，对高空悬挂物、排水系统、树木等进行专项检查。检查工作需在灾害预警发布后 12 小时内完成。

2. 隐患整改

对排查出的安全隐患，建立隐患整改台账，明确整改责任人与整改期限。一般隐患应在发现后 3 个工作日内完成整改。如果发现重大隐患，需立即采取防范措施，并在 7 个工作日内整改完成。

隐患整改台账										
序号	发现日期	隐患位置	隐患描述	整改责任人	整改期限	整改措施	整改情况	验收结果	验收人	验收日期

（三）管理要点

（1）人员培训：每季度组织安保人员开展 1 次业务培训，包括安全知识、应急处置、沟通技巧等内容，以提升团队的专业素养与服务意识。

（2）记录存档：所有与秩序维护与安全管理有关的工作记录（如巡查记录、设备检查记录、事件处理报告等）需妥善保存，保存期限不少于 3 年。

（3）沟通协作：加强与社区、派出所、消防等部门的联系，定期（每季度）召开安全工作会议，共同维护小区的安全稳定。

三、应急管理

（一）应急预案制定与演练

1. 预案制定

每年年初（1 月）制定完善火灾、盗窃、电梯困人、自然灾害等应急预案，明确组织机构、人员分工与处置流程等。

2. 应急演练

每半年（6 月、12 月）组织 1 次应急演练，包括消防疏散、救援抢险等内容。演练结束后 1 周内要提交演练总结报告。

（二）突发事件处理

1. 事件响应

发生突发事件（如火灾、盗窃）时，现场人员需在 5 分钟内上报秩序维护主管，并启动相应的应急预案。安保人员应在 3 分钟内携带装备赶赴现场。

2. 应急处置

事件类型	处理程序与要求	处理情况
火灾事故	立即组织人员疏散，并使用消防设施灭火，同时拨打 119 报警，配合消防部门开展救援工作，疏散工作需在 10 分钟内完成	
盗窃事件	保护现场，封锁出入口，配合警方调查，调取监控录像，提供相关线索	
事后处理	处理完毕后，在 24 小时内提交事件报告，分析原因，总结经验教训，并对相关责任人进行处罚或表彰	

第六节 物业费收取流程

物业费是小区正常运转的经济支撑，关乎公共区域维护、设施设备维修等多项工作的开展。

一、前期准备阶段

（一）合同明确约定（贯穿服务期）

在物业服务合同中，需清晰界定物业费的相关条款，明确收费标准、收费方式、收费时间等内容，以免后期引发纠纷。

例如，某小区物业服务合同约定，高层住宅物业费为每平方米每月 2.5 元，按季度收取，每季度首月 10 日前为收费时间。

（二）业主信息收集与更新（持续进行）

（1）物业服务企业应全面收集业主信息，包括姓名、联系方式、房屋面积、房号等，并实时更新。同时建立电子与纸质双重档案，以便于查询与管理。

（2）新业主入住时，要及时录入其信息；业主联系方式变更时，在3个工作日内完成信息更新，以确保收费通知能准确传达到位。

序号	业主姓名	联系方式	房屋号	房屋面积

二、费用核算阶段

（一）定期核算（每月/季度末）

每月或季度末，财务人员依据物业服务合同，结合小区实际服务成本，核算物业费，涵盖人员工资、设备维护、清洁绿化等费用。

每月核算时，统计当月保洁人员工资（　　　　）万元、绿化养护费（　　　　）元、公共区域水电费（　　　　）元等，然后按房屋面积分摊至每位业主，得出当月应缴物业费（　　　　）元。

（二）核对与公示（核算完成后5个工作日内）

（1）核算完成后，财务人员应仔细核对数据，确保准确无误。然后在小区公告栏、业主群等进行公示，公示期不少于7天，以接受业主监督。公示内容包括费用明细、核算方式、反馈渠道等。

（2）若业主对物业费用有疑问，财务人员接到反馈后应在5个工作日内给予解释说明。

三、收费通知阶段

（一）多渠道通知（收费期前 15 天）

在收费的前 15 天，物业服务企业应通过多种渠道发送收费通知。线上可利用业主群、短信等平台发送通知，告知收费金额、时间、方式等内容；线下可在小区公告栏张贴醒目的通知，或在每栋楼单元门上张贴收费提示。

例如，在业主群发布："尊敬的各位业主，本季度物业费收费期即将到来，请您在（具体日期），通过微信公众号或到物业办公室采用现金/刷卡等方式，缴纳本季度物业费（具体金额）。"

我的通知模板：

（二）特殊情况通知（持续跟进）

针对长期未入住、房屋出租等情况的业主，物业工作人员应单独与其联系，告知物业费收取规定。对于未入住的业主，应依据当地政策与合同约定，明确收费比例；房屋出租的业主，应与租户明确物业费缴纳责任。

四、费用收取阶段

（一）提供多元化收费方式（收费期内）

物业服务企业可在物业办公室设立收费点，接受现金、刷卡、支票支付；或开通线上收费渠道，如微信公众号、支付宝、物业 APP 等，方便业主线上缴费。

例如，业主可进入微信公众号，点击"物业缴费"，输入房号，确认金额，轻松完成物业费缴纳。

（二）及时确认与开具票据（收费后 24 小时内）

业主缴费后，物业工作人员应在 24 小时内确认到账情况，并更新收费台账。对现金、刷卡缴费的业主，当场开具正规发票；对线上缴费的业主，在 2 个工作日内推送电子发票至其预留的邮箱。

序号	业主姓名及房号	费用金额	到账情况	缴费方式	是否开发票

（三）欠费提醒

1. 提醒触发条件

可根据欠费时长设置不同的提醒状态，例如，欠费 1~30 天，标记为“首次提醒”；欠费 31~60 天，标记为“二次提醒”；欠费 61 天及以上，标记为“催收警告”。也可根据欠费金额设定提醒状态，如单笔欠费超 500 元，直接列为“重点催收”状态。

2. 提醒方式

对不同的提醒状态，采用不同的提醒方式。“首次提醒”可通过短信、微信公众号发送缴费通知；“二次提醒”可电话联系业主，并发送书面催费函；“催收警告”需通过 EMS 发送正式的催款律师函，并在小区公告栏公示欠费名单（注意保护业主隐私）。

3. 记录更新

每次执行提醒操作后，需在台账中更新欠费提醒状态，并记录提醒时间、操作人、提醒方式等内容。若业主已缴费，及时将状态修改为“已结清”；若业主承诺还款，可标注“协商处理中”，并记录约定的还款时间。

序号	欠费业主	欠费金额	欠费时长	提醒方式	提醒日期	状态变化

五、费用催收阶段

（一）首次催收（逾期 7 天）

业主缴费逾期 7 天的，物业人员应发送首次催收通知，通过短信、电话等方式提醒业主缴费，并说明逾期缴费可能产生的后果。

物业费催收通知书

尊敬的：__________（业主姓名）

您位于____________（小区具体房号）的房屋，截至________（具体日期），已拖欠[________（起始日期）至________（截止日期）]物业费________元。

物业费主要用于小区公共服务（清洁、绿化、设备维护等），您逾期缴费将影响我们的整体服务质量。请您于________（缴费截止日期）前通过以下方式缴费。

（1）线上支付

微信：关注“（公众号名称）”→缴费服务

支付宝：生活缴费→物业费→输入房号

（2）银行转账

开户行：______________（银行名称）

账号：________________（具体账号）（备注房号 + 姓名）

（3）物业前台

工作日________（具体时段）到服务中心办理

逾期未缴费的，将按物业服务合同每日收取__%滞纳金，必要时我们将采取法律措施。如有疑问请致电（电话号码）。

物业公司名称______________

通知日期______________

（二）二次催缴（逾期 15 天）

业主缴费逾期 15 天的，物业人员应进行二次催收。除短信、电话通知外，还可张贴书面催费单至业主家门口。

催费单模板

尊敬的：____________（业主姓名）

我司已于________（首次催收日期）通知您缴费，截至（当前日期），您________________（小区具体房号）的房屋仍拖欠物业费________元（含基础物业费、公摊能耗费等）。

请您于（缴费截止日期）前缴费。

线上：微信（“（公众号名称）”→业主服务→物业费缴纳）；支付宝（生活缴费→物业费→小区名）。

转账：开户行（银行名称），账号（具体账号）（备注房号+姓名）。

前台：工作日________（具体时段）到服务中心办理。

逾期缴费，我们将按照物业服务合同第____条，每日收____%滞纳金；仍未缴费，我们将启动法律程序，可能会影响您的征信及房屋交易。

如有异议，请于________（建议沟通截止日期）前联系：（电话号码）/（物业公司邮箱）/（服务中心地址）。

物业公司名称____________

通知日期____________

（附首次催收通知回执）

（三）采取法律途径（逾期30天及以上）

对于逾期30天及以上仍未缴费的业主，物业服务企业沟通无果后，可整理欠费证据（缴费通知记录、催收记录、服务合同等），启动法律程序，向法院提起诉讼，要求业主支付所欠费用及违约金，以维护企业合法权益与小区正常秩序。

第三章

文化建设：社区文化活动开展

介绍物业服务中文化建设的重要性，讲述社区活动策划、组织与执行的要点，涵盖节日活动、邻里互动、文化宣传等内容，旨在营造和谐的社区氛围。

第一节　社区文化活动策划

一、活动定位与目标

（一）核心定位

以物业管理为纽带，营造和谐、友善的社区氛围，促进邻里之间的交流，提升业主对物业服务的满意度，树立物业企业形象。

（二）具体目标

（1）文化建设：传承社区文化，弘扬传统美德，丰富居民的文化生活。

（2）服务提升：拉近业主与物业企业的关系，提升物业企业的服务水平，展现物业企业的人文关怀。

（3）社群凝聚：打破邻里隔阂，搭建业主交流平台，提高社区居民的认同感与归属感。

二、前期调研与需求分析

（一）调研内容

（1）社区文化底蕴：挖掘社区故事、传统习俗、特色手工艺等文化元素，如老建筑的历史、本地非遗技艺。

（2）业主需求：通过线上问卷、线下访谈等方式收集业主对文化活动（如国学讲座、民俗体验、艺术展览）的需求，以及对活动时间、活动形式等的建议。

（3）物业资源整合：梳理并整合现有物业资源，包括合作商家、社区场地、业主才艺达人等，为社区文化活动开展提供支持。

（二）数据分析

根据以往社区活动的相关数据，分析不同年龄段业主的参与率，找出受欢迎的活动类型，为本次活动策划提供参考。

三、活动主题与形式

（一）主题策划

传统节日主题	围绕春节、端午、中秋等节日，开展“春节民俗文化节”“中秋诗词共赏”等活动，融入写春联、包粽子、猜灯谜等节日习俗
社区特色主题	结合社区历史文化或建筑风格，策划“老街区记忆展”“社区非遗传承体验日”等活动，并邀请本地文化传承人现场教学
传统文化主题	举办“国学讲堂”“书法绘画大赛”“红色经典诵读会”，弘扬中华民族传统文化与革命精神
本次社区文化活动的主题为：	

（二）形式创新

沉浸式体验	通过场景还原、角色扮演等方式，让业主沉浸式参与文化活动，如“古代市集”“民国风情游园会”
文化 + 互动	将文化元素与趣味游戏相结合，如“诗词接龙闯关赛”“传统手工艺竞赛”
线上线下联动	线上开展文化知识竞赛、直播文化讲座，线下举办颁奖仪式与互动体验，扩大活动的覆盖面
本次社区文化活动的形式为：	

四、活动方案制定

（一）时间与场地安排

（1）时间安排：选择周末或节假日的下午或晚上，尽量避开业主工作与休息时间；也可以选择特定的时间节点，如在暑期举办“青少年文化夏令营”。

（2）场地布置：根据活动主题进行场地布置，如在传统节日装饰红灯笼、中国结，非遗体验活动设置作品展示区、互动体验区。

（二）分工与合作

1. 内部分工

组别	工作内容	责任人员
策划组	由物业客服部牵头，负责活动整体策划、流程设计与嘉宾邀请	
宣传组	通过公众号、业主群、社区公告栏发布活动信息，或制作海报、短视频进行宣传	
执行组	物业安保人员负责现场秩序维护，保洁人员负责现场卫生，维修人员确保设备正常运行	

2. 外部合作

类别	合作事项	责任人员
外部机构	与文化馆、学校、商家等合作，争取到活动赞助	
业主	鼓励有才艺的业主担任活动志愿者，例如，让书法爱好者指导书法教学，历史爱好者讲解社区故事	

（三）活动流程示例（社区非遗文化体验日）

时间	环节	内容
9:00 ～ 9:30	签到入场	业主签到并领取非遗文化手册与体验券
9:30 ～ 10:00	开幕仪式	物业经理致辞，非遗传承人表演开场节目
10:00 ～ 11:30	非遗体验	分区域开展剪纸、陶艺、皮影戏等体验活动
11:30 ～ 12:00	作品展示与评选	展示业主作品，投票选出优秀作品并颁发奖品
12:00	活动结束	合影留念，清理场地

五、宣传与推广

（一）宣传策略

（1）预热宣传：活动前 2 ～ 3 周发布预告，介绍活动亮点与参与方式，引起业主关注。

（2）持续宣传：活动期间通过照片、视频实时分享现场情况，吸引更多业主参与；活动结束后发布总结文案，扩大活动影响力。

社区文化活动宣传策略与计划：

（二）激励机制

（1）参与奖励：为每位参与者发放小礼品（如文化纪念品、商家优惠券），或设置积分奖励，业主用积分可兑换物业增值服务。

（2）荣誉激励：对积极参与活动或表现优异的业主颁发“社区文化之星”证书，并在社区公告栏进行表彰。

社区文化活动激励策略为：

六、预算与风险管理

（一）费用预算

项目	明细	预估费用
场地布置		
活动物资		

续表

项目	明细	预估费用
聘请嘉宾		
其他		
总计		

（二）应急预案

（1）人员安全：在活动现场配备急救箱，并安排专人进行安全巡查；提前对活动设备与器材进行检查，确保其处于正常状态。

（2）现场气氛：邀请社区意见引领者、热心业主带头参与，通过互动活动（如抽奖、打卡）吸引更多业主报名。

（3）突发情况：制定应急预案，如遇恶劣天气，将活动转移至室内或调整活动时间，并及时通知业主。

社区文化活动的应急预案为：

七、活动评估与总结

（一）数据统计

记录活动参与人数、现场互动情况、业主满意度评分等内容，并分析活动的影响力与参与度。

（二）意见收集

通过问卷调查、座谈会等方式收集业主对活动的意见与建议。

（三）活动总结

活动结束后编制总结报告，分析存在的不足与改进方向，为后续社区文化活动的开展提供参考。

××社区文化活动效果评估与总结

一、活动基本信息

活动名称：____________

活动时间：____________

活动地点：____________

主办单位：____________

协办单位：____________

活动主题／目标：____________________________________

（简要阐述活动主题以及期望达成的目标，如促进邻里交流、弘扬传统文化等）

二、活动参与情况

1. 参与人数统计

总人数：____人，其中，按年龄划分：儿童（0～12岁）____人；青少年（13～18岁）____人；成年人（19～59岁）____人；老年人（60岁及以上）____人。按身份划分：社区居民____人；社区工作人员____人；志愿者____人；其他____人。

2. 参与率分析

根据活动参与人数，计算参与率，并分析活动未达预期的原因（如宣传不到位、时间冲突等）。

三、活动执行情况

1. 活动流程

活动各环节是否按计划开展，是否存在流程不合理或衔接不畅的情况，如有，需说明原因。

2. 资源配置

（1）人力：工作人员与志愿者分工是否合理，是否存在人力不足或浪费现象。

（2）物力：物资准备是否充足，设备运行是否正常，是否存在物资短缺或浪费等情况。

（3）财力：活动预算执行情况，实际支出与预算对比分析是超支还是节约，并分析原因。

四、活动效果评估

1. 目标达成度

分析活动各项目标的完成情况，如活动参与人数是否达到预期，文化传播、社区凝聚力提升等是否实现等，要用具体数据或事例说明。

2. 参与者反馈

通过问卷调查、现场访谈等方式收集参与者对活动内容、组织安排、服务质量等方面的意见，并计算出满意度（可用百分比表示）。并对参与者提出的改进建议进行汇总。

3. 社会影响

分析活动的宣传报道情况，如媒体报道数量、网络平台曝光量等，以及活动对社区形象、文化氛围、居民关系等方面产生的影响。

五、活动成本与效益分析

1. 成本明细

列出活动的各项开支，包括场地租赁、物资采购、人员薪酬、活动宣传等费用，并制作成本明细表。

2. 效益评估

（1）经济效益：分析活动带来的直接或间接经济收益（如活动赞助收入、周边商业带动等）。

（2）社会效益：从社区和谐、文化传承、居民素质提升等方面评估活动产生的社会效益。

六、问题与不足

1. 总结活动过程中出现的问题，如现场秩序混乱、活动吸引力不足、应急处理不及时等。

2. 分析问题产生的原因，从组织管理、资源调配、宣传推广等角度进行深入剖析。

七、经验总结与问题改进

1. 成功经验

总结活动值得借鉴的做法，如创新的活动形式、多元的宣传渠道、良好的合作模式等。

2. 改进建议

针对活动存在的问题，提出可行的改进建议，为后续活动顺利开展奠定基础。

八、总结语

对本次社区文化活动进行整体概括，强调活动的意义和价值，并对未来的社区文化活动进行展望。

第二节　社区文化活动实施

一、实施前的准备工作

（一）人员分工

（1）活动前 7 天：成立活动执行小组，明确客服部、安保部、工程部、保洁部等的职责，制定人员分工表。

（2）活动前 1 ～ 2 天：对志愿者进行培训，培训时长约 2 小时，内容涵盖活动流程、服务规范、应急处理等。

活动执行小组：

1. 客服部：＿＿＿＿＿、＿＿＿＿＿、＿＿＿＿＿、＿＿＿＿＿，具体负责：＿＿＿＿＿

2. 安保部：＿＿＿＿＿、＿＿＿＿＿、＿＿＿＿＿、＿＿＿＿＿，具体负责：＿＿＿＿

3. 工程部：＿＿＿＿＿、＿＿＿＿＿、＿＿＿＿＿、＿＿＿＿＿，具体负责：＿＿＿＿＿

4. 保洁部：＿＿＿＿＿、＿＿＿＿＿、＿＿＿＿＿、＿＿＿＿＿，具体负责：＿＿＿＿＿

培训日期：

培训内容：

（二）物资与场地准备

（1）活动前 5 天：完成装饰物料、活动道具、奖品礼品、宣传材料等的采购，并制作物资清单。

（2）活动前 1 天：对照物资清单，逐一清点，并预留 10% 的备用物资；对场地进行全方位检查，调试水电、音响、灯光等设备，完成场地布置与指示标识设置。

核查日期：　月　日

序号	物资名称	数量	核查结果
1			
2			
3			
…			
场地检查情况：			

（三）合作方对接

（1）活动前 7 天：与讲师、商家等合作方签订合作协议或备忘录。

（2）活动前 3 天：与合作方再次确认到场时间、所需设备及服务内容；通过物业公众号、业主群、电梯广告等渠道发布活动信息。

核查日期：　月　日

合作方	到场时间	所需设备	服务内容	核查结果

二、活动执行与管控

（一）按照流程推进

（1）活动开始前 1 小时：工作人员全部到岗，对签到台、活动区域进行最后的检查。

（2）活动进行中：由专人负责按照时间表推进各环节，每个环节预留 5 ～ 10 分钟弹性时间。安排摄影摄像人员实时记录，每 30 分钟挑选一些精彩照片或短视频发布至业主群。

1. 工作人员到岗：

__月__日__时工作人员全部到岗。

2. 活动推进时间表：

__日__时__分至__日__时__分　　_______环节。

__日__时__分至__日__时__分　　_______环节。

__日__时__分至__日__时__分　　_______环节。

__日__时__分至__日__时__分　　_______环节。

3. 照片或短视频发布时间：

__月__日__时__分。　　__月__日__时__分。

__月__日__时__分。　　__月__日__时__分。

（二）服务与安全保障

咨询台工作人员随时解答业主疑问，服务人员全程为老人、儿童提供贴心照顾，安保人员每小时巡逻 1 次，急救人员在固定点位待命。

（三）突发情况应急处理

（1）天气突变：若活动当天遇恶劣天气，提前 30 分钟启动备用方案，转移至室内场地进行或为业主提供雨具。

（2）设备故障：维修人员现场待命，一般故障要在 15 分钟内修复，重大故障及时启用备用设备。

（3）人员冲突：工作人员第一时间介入调解，若 10 分钟内无法解决，联系社区民警协助处理。

三、活动收尾与总结

（一）现场收尾

活动结束后 1 小时内：完成物资回收与场地清理，对可重复使用物资进行分类登记；统计参与人数、奖品发放等基础数据。

1. 可重复使用物资记录：

2. 参与人数：

3. 奖品发放情况：

（二）活动总结

（1）活动结束后 3 天内：召开内部复盘会议，各小组提交工作总结；通过线上问卷、线下意见箱等方式，收集业主意见。

（2）活动结束后 7 天内：整理分析会议内容与业主反馈，并编制改进方案。

（三）活动宣传

（1）活动结束后 2 天内：完成活动照片、视频的初步筛选与剪辑。

（2）活动结束后 5 天内：通过物业公众号、社区公告栏、短视频平台发布图文与短视频集锦。

内部复盘会议，各小组提交工作总结	__月__日	责任人：__________
发放线上问卷、线下意见箱	__月__日	责任人：__________
编制改进方案	__月__日	责任人：__________
活动照片、视频的初步筛选与剪辑	__月__日	责任人：__________
发布图文与短视频集锦	__月__日	责任人：__________

第四章

关系维护：业主回访与投诉应对

重点讲解业主关系维护的核心策略，包括定期回访与投诉处理，旨在提升业主满意度，营造良好的社区氛围。

第一节　业主回访：提升业主满意度

一、回访目标

（1）收集业主对物业服务的意见与建议，找出服务中的不足，明确服务的改进方向。

（2）通过主动沟通，提升业主对物业服务的满意度与认同感。

（3）建立持续优化机制，根据回访结果完善服务流程，提高物业服务的质量与效率。

二、回访类型

（一）维修服务回访

<table>
<tr><td rowspan="2">回访时间</td><td>紧急维修</td><td>服务完成后 1 ～ 2 小时进行回访，确认维修效果</td></tr>
<tr><td>常规维修</td><td>服务完成后 1 ～ 3 天回访，了解维修后设备设施的使用情况</td></tr>
<tr><td>回访方式</td><td colspan="2">以电话回访为主，快速且高效；对于复杂维修项目，可上门回访</td></tr>
<tr><td>回访内容</td><td colspan="2">（1）维修后设备 / 设施是否恢复正常
（2）对维修人员的响应速度、技术水平、服务态度是否满意
（3）对维修过程（如是否及时清理现场）是否有更好的建议</td></tr>
</table>

（二）保洁绿化服务回访

回访时间	定期保洁后 2 ～ 3 天内回访；绿化养护（如修剪、补种）后 3 ～ 5 天回访，观察植物生长情况

续表

回访方式	线上问卷覆盖全体业主，可收集大家的基础评价；针对重点区域（如公共活动场所）或投诉较多的区域，与业主进行面对面访谈
回访内容	（1）对公共区域（楼道、电梯、花园等）的清洁 / 绿化效果是否满意 （2）保洁 / 绿化作业时间是否影响业主的日常生活 （3）对清洁频率、绿化养护方式是否有更好的建议

（三）安全管理回访

回访时间	每月随机抽取部分业主进行回访，每季度进行一次全面回访；重要事件（如消防演练、安全检查）后 3 ～ 5 天回访
回访方式	电话回访与线上社群沟通相结合。对于安全隐患整改情况，可安排物业人员上门回访并展示整改成果
回访内容	（1）对小区门禁管理、安保巡逻等工作是否满意 （2）是否感受到小区安全环境的改善 （3）对安全防范措施（如监控设备、消防设施）是否有更好的建议

（四）社区活动回访

在活动结束后 3 ～ 5 天进行短期回访，1 ～ 2 个月进行长期回访，通过线上问卷、电话、面对面访谈等方式，收集业主对活动的评价与建议。

本小区社区活动服务回访策略为：

（五）收费服务回访

回访时间	物业费、水电费等费用缴纳完成后 5 ～ 7 天回访，了解业主的缴费体验
回访方式	以线上问卷或社群沟通为主，对有疑问的业主，进行详细解答
回访内容	（1）缴费方式（线上 / 线下）是否便捷 （2）费用明细是否清晰 （3）对缴费方式和流程是否有更好的建议

三、回访流程

（一）制订计划

服务类别	回访对象	回访方式	回访时间	责任人
紧急维修服务			第____小时启动回访	
常规维修服务			第____天回访	
保洁绿化服务			保洁服务第____天回访 绿化服务第____天回访	
安全管理			每月抽____% 业主 重要事件第____天回访	
社区活动			第____天进行短期回访 第____天进行长期回访	
收费服务			第____天回访	

（1）分层抽样：按楼栋、户型、业主活跃度等维度分层，确保回访对象覆盖各类群体。

（2）重点关注：将曾经投诉的业主、意见引领者、老年业主等列为重点回访对象。

本月重点回访对象：

1. ×××楼栋（　　　　），户型（　　　　），主要问题（　　　　）。
2. ×××楼栋（　　　　），户型（　　　　），主要问题（　　　　）。
3. ×××楼栋（　　　　），户型（　　　　），主要问题（　　　　）。

……

物业维修服务回访问卷

尊敬的业主 / 住户：

您好！为了不断提高我们的维修服务质量，更好地满足您的需求，特邀请您参与本次问卷调查。您的反馈对我们非常重要，希望您能抽出几分钟时间填写这份问卷。

一、基本信息

您的房号：________　　您的姓名：________

您的联系方式：________________

二、维修服务相关问题

1. 您最近一次联系物业人员进行维修的时间是？

A. 一周内

B. 一至两周

C. 两周至一个月

D. 一个月以上

2. 您是通过以下哪种方式联系物业人员维修的？（可多选）

A. 拨打物业客服电话

B. 使用物业 APP 或微信公众号

C. 到物业办公室现场报修

D. 其他方式（请注明）________

3. 物业维修人员对维修请求的响应是否及时？

A. 非常及时，在约定时间内迅速到达

B. 比较及时，稍有延迟但不影响维修

C. 一般，到达时间与约定时间有一定差距

D. 不及时，超过约定时间很久才到达

E. 不清楚（未约定时间）

4. 维修人员的着装和态度如何？

A. 着装规范，态度热情友好，礼貌周到

B. 着装较整齐，态度较好，能基本满足要求

C. 着装一般，态度尚可，没有明显问题

D. 着装不规范，态度冷漠或不专业

E. 其他（请注明）________

5. 维修人员是否在维修前对维修内容和预计费用进行了详细说明？

A. 详细说明了维修内容和费用，非常清晰

B. 大致说明了维修内容和费用，基本能理解

C. 只提到了部分内容，不太清楚

D. 没有说明，直接进行维修

E. 本次维修不涉及费用

6. 维修人员的专业技能和维修质量如何？

A. 专业技能很强，维修质量非常好，问题得到彻底解决

B. 专业技能较好，维修后问题基本解决，目前没有发现新问题

C. 专业技能一般，维修效果一般，仍存在一些小问题

D. 专业技能不足，维修后问题没有得到有效解决

E. 其他（请注明）________

7. 维修完成后，维修人员是否对现场进行了清理？

A. 清理得非常干净，现场整洁如初

B. 清理得比较干净，基本恢复原状

C. 简单清理了一下，有一些垃圾残留

D. 没有清理，现场比较杂乱

8. 您对本次维修服务的整体满意度如何？

A. 非常满意　　B. 满意

C. 一般　　D. 不满意

E. 非常不满意

9. 您认为本次维修服务还有哪些方面需要改进？（可多选，也可自行填写）

A. 响应速度　　B. 维修人员态度

C. 维修人员专业技能　　D. 维修费用

E. 维修后的现场清理　　F. 其他（请注明）________

三、其他建议

您对物业维修服务还有什么其他的意见或建议吗？

____

再次感谢您对我们工作的支持与配合！如果您还有其他问题，请随时联系客服中心，电话：________________

本小区环境卫生与绿化服务问卷模板：

本小区秩序维护问卷模板：

本小区收费服务问卷模板：

本小区社区文化建设活动问卷模板：

（二）执行回访

（1）人员培训：回访前 1 ～ 2 天对回访人员进行培训，内容包括沟通技巧、问题记录、回访话术等。

培训内容	培训时间	参加人员	培训老师	培训方式

（2）实时记录：回访人员应详细记录业主反馈，避免信息遗漏或记忆偏差。

回访对象	回访时间	回访内容	业主反馈

（三）数据整理

（1）问题分类：将回访纸质记录或线上问卷数据统一录入Excel表或物业管理系统，并按服务类型、问题类别（如人员、流程、设施）进行初步分类。

（2）标注重点：对低分评价、投诉类问题标注醒目的标识，以便于后续改进与处理。

（四）问题处理

（1）多部门会商：召集相关部门（如维修部、客服部、后勤部）召开专题会议，分析问题根源，制定具体的整改措施。

（2）整改反馈：通过业主群、公告栏，每2～3天通报一次整改进度，并附上现场照片或对比数据。指定专人与业主一对一沟通及时解答业主疑问，避免信息传递偏差。

（五）持续跟进

（1）二次回访：问题整改完毕后，对业主进行二次回访。

（2）数据对比：对比二次回访数据与首次回访数据，计算问题解决率、业主满意度等指标。

1. 数据对比

问题解决率　□提升（　　）%　□降低（　　）%

业主满意度　□提升（　　）%　□降低（　　）%

2. 未解决问题的原因分析：

（3）建立档案：为每次回访建立独立的档案，包含原始反馈、处理过程记录、回访结果等内容，保存期限不少于3年。

四、回访结果应用

1. 服务优化

基于回访结果，优化物业服务流程。例如，针对维修服务响应速度慢的问题，可增加维修人员、调整人员排班及优化派单系统。

2. 人员培训

针对回访中暴露出的人员问题（如服务态度差、技能不足），制订专项培训计划。例如，对被多次投诉的安保人员，开展沟通技巧与巡逻规范的培训。

第二节　投诉应对：有效化解矛盾冲突

一、投诉预防机制

（一）信息透明化

关键点	方式方法	具体实施情况
服务公示制度	通过社区公告栏、物业公众号、业主群等平台，定期公示物业费收支明细、公共设施维护计划、重大事项决策流程，消除业主对物业工作的误解与疑虑。例如，每月发布一次维修基金使用明细，并附上票据图片	
政策法规宣传	通过开展物业法规宣讲会、推送普法文章等，帮助业主了解自己的权利与义务，明确物业职责的边界。例如，解读《物业管理条例》中关于公共区域管理的条款，减少因权责不清引发的业主投诉	

（二）沟通常态化

（1）定期沟通：每月召开业主代表座谈会，每季度开展全体业主意见征集活动，主动倾听业主诉求，提前发现潜在问题。

（2）线上互动：利用小程序或APP的“意见箱”“在线客服”等功能，鼓励业主随时反馈问题。

本小区每月（　　）日召开业主代表座谈会。
每季度于（　　）至（　　）日开展全体业主意见征集活动。

（三）服务质量提升

关键点	内容及要求	具体开展情况
员工培训	定期开展服务礼仪、沟通技巧、专业技能的培训，提升物业人员解决问题的能力。例如，对维修人员开展故障快速排查培训，缩短维修响应时间	
服务标准细化	制定物业服务操作手册，明确保洁频次、巡逻路线、维修响应时限等标准，并向业主公示，接受业主的监督	

二、投诉处理流程

（一）快速响应阶段

（1）投诉受理：设立24小时投诉热线、线上投诉通道，确保投诉即时接收。接到线上投诉后，客服人员应在15分钟内与投诉业主取得联系，表达歉意并记录关键信息。

（2）初步分类分级：根据紧急程度和影响范围，将投诉事件分为紧急类（如停水停电、安全隐患）、一般类（如保洁不及时、绿化养护差）、复杂类（如物业费争议、违建纠纷），并标注优先级。

（二）调查处理阶段

（1）现场核实：一般类投诉，应在2小时内安排专人到现场核查；紧急类投诉，应安排人员在30分钟内到达现场；复杂类投诉，应联合相关部门（如业委会、社区）成立专项调查小组。

（2）方案制定：紧急类投诉，应在2小时内出具临时解决方案；一般类投诉，应在24小时内制订整改计划；复杂类投诉，应在7个工作日内提出处理方案，并与业主协商。

投诉时间	分类分级	优先级	现场核查时间	方案提出时间

（三）沟通反馈阶段

（1）进度通报：紧急类投诉，通过电话、短信、线上平台每 6 小时向业主通报 1 次处理进度；一般类投诉每 2 天反馈 1 次；复杂类投诉每周汇报进展情况。

（2）结果确认：投诉处理完毕后，48 小时内进行回访，确认业主对解决方案的满意度。若业主不满意，重新启动调查流程，直至问题解决。

投诉时间	分类分级	优先级	进度通报时间	回访时间

三、矛盾化解策略

（一）情绪疏导与安抚

（1）倾听原则：客服人员应耐心倾听，不要打断业主的陈述，可使用“我理解您的感受”“确实给您带来不便了”等话语。

（2）情绪安抚：对于情绪激动的业主，邀请其至独立会议室，并提供茶水与小吃，待其情绪缓和后再进行沟通。

（二）协商解决问题

（1）利益平衡：在处理物业费争议、车位分配等问题时，应充分考虑双方利益，提出折中的方案。

（2）第三方调解：对于复杂纠纷，引入社区居委会、街道办、法律顾问等第三方力量，确保处理结果公平公正。

（三）修复双方关系

（1）合理补偿：因物业责任给业主造成损失的，主动提出赔偿方案，如减免部分物业费、赠送增值服务。

（2）情感修复：问题解决后，通过节日问候、赠送小礼品等方式，修复与业主的关系。

我的矛盾化解策略，举例说明：

四、后续改善措施

（一）复盘与培训

1. 定期复盘

（1）每周汇总本周的典型投诉案例（如复杂纠纷、重复投诉等）。

（2）每周开展案例分析会，分析投诉的原因及改进措施，并形成会议纪要。

（3）每月底分类编制典型投诉处理案例集，经审核后发给全员学习。

2. 针对性培训

（1）结合投诉复盘与绩效考核数据，精准确定员工的培训需求。

（2）设计专项培训课程，可邀请专家与内部优秀员工授课。

（3）制订年度培训计划，应覆盖全员。培训后要对员工进行考核，以检验培训效果。不达标的员工应进行补考，优秀的员工要进行奖励。

1. 定期复盘计划：

2. 典型投诉处理案例说明及拟制订的培训计划：

（二）服务优化与考核

1. 问题整改

每月 5 日前梳理高频投诉问题，责令相关部门进行整改。责任部门应制定整改方案，每周汇报整改进度，物业经理会随机抽查。

2. 监督考核

以投诉率、解决率、业主满意度为核心指标（占比 30%、40%、30%），对各部门及员工进行考核。每月 8 日前公示考核结果，并将考核结果与员工绩效、晋升挂钩。人力资源部负责组织绩效面谈，并制订个人改进计划。

本月考核指标	考核结果	考核结果应用
投诉率	%	
解决率	%	
业主满意度	%	
……	%	

我的心得笔记